Les
ALLERGIES
racontées aux enfants

Catalogage avant publication de Bibliothèque et Archives nationales du Québec et Bibliothèque et Archives Canada

Cyr, Sylvie, 1971-, auteur

    Les allergies racontées aux enfants / Sylvie Cyr ; illustrations, Jean Morin.

    Public cible : Pour les jeunes.
    Publié en formats imprimé(s) et électronique(s).

    ISBN 978-2-89662-874-2
    ISBN 978-2-89662-875-9 (PDF)
    ISBN 978-2-89662-876-6 (EPUB)

    1. Allergie alimentaire chez l'enfant – Ouvrages pour la jeunesse. I. Morin, Jean, 1959-, illustrateur. II. Titre.

RJ386.5.C97 2018   j618.92'975   C2018-941000-0
                                                                       C2018-941001-9

Édition
Les Éditions de Mortagne
Case postale 116
Boucherville (Québec)
J4B 5E6
editionsdemortagne.com

Tous droits réservés
Les Éditions de Mortagne
© Ottawa 2018

Illustrations
© Jean Morin

Maquette de la couverture et graphisme intérieur
Ateliers Prêt-Presse

Dépôt légal
Bibliothèque et Archives Canada
Bibliothèque et Archives nationales du Québec
Bibliothèque nationale de France
3ᵉ trimestre 2018

1 2 3 4 5 – 18 – 22 21 20 19 18

Imprimé au Canada

Gouvernement du Québec – Programme de crédit d'impôt pour l'édition de livres – Gestion SODEC.

Membre de l'Association nationale des éditeurs de livres (ANEL)

SYLVIE CYR

Contenu approuvé par Dr Des Roches, allergologue au CHU Sainte-Justine

Les ALLERGIES
racontées aux enfants

Illustrations par
Jean Morin

Éditions de Mortagne

*Pour mes deux amours,
Antoine et Marianne.*

*Puisse cet outil vous servir
autant qu'il m'aurait été utile
s'il avait été écrit à l'époque...*

> REGARDE. PLUS PRÈS. REGARDE BIEN...

Regarde. Plus près. Regarde bien... Dis-moi, vois-tu quelque chose de différent ? Non, parce que personne ne peut deviner que j'ai des **ALLERGIES** alimentaires juste en me regardant. Même pas mes parents !

Je m'appelle Amy et j'ai cinq ans. Je suis une enfant comme les autres, mais je souffre d'allergies. Mes parents l'ont découvert quand j'avais deux ans. On déjeunait tous ensemble lorsque papa m'a donné un morceau de sa rôtie au beurre d'arachide.

Et là,  **BOUM !**

Mon visage s'est couvert de boutons rouges et il s'est mis à enfler comme un ballon. Ça s'est passé très rapidement. Maman m'a raconté que je faisais un drôle de bruit en respirant et que je pleurais parce que je ne me sentais pas bien.

Ils m'ont amenée à l'hôpital sans perdre une seconde.

— Est-ce que ma fille va bien, docteur ?

— Oui, ne vous en faites pas, son état est stable. Je vais vous envoyer consulter mon ami Pierre, un allergologue.

Pierre est une sorte de détective. Il doit chercher pour trouver ce qui nous rend malades.

Tous les ans, je le rencontre pour faire des tests sur ma peau. Il commence par dessiner des lignes sur mon bras avec un crayon et, au bout de chaque ligne, il laisse tomber une petite goutte de liquide. Dans chaque **GOUTTE**, il y a un concentré différent d'une substance qui pourrait me causer une allergie. Pierre m'a expliqué que, si ma peau devient rouge et qu'elle enfle, c'est que je suis allergique.

C'est grâce à ce test qu'on a découvert que je suis allergique aux noix, aux arachides et aux poissons.

Mais on peut aussi être allergique :

- à d'autres aliments (lait, noix, blé, soya, sésame, fruits de mer, moutarde, œufs…);

- aux animaux (chats, chiens, abeilles, chevaux, oiseaux…);

- aux acariens (ces petites bestioles microscopiques qui vivent dans la literie, les tapis et les peluches);

- au latex;

- aux médicaments.

Selon Pierre, une réaction allergique est la façon qu'a mon corps de se **PROTÉGER** contre ce qu'il croit dangereux. Ce qui le fait réagir s'appelle un allergène.

Pour comprendre, imagine que ta maison est protégée par un chien de garde. Si un étranger arrive, ton chien va **GROGNER** pour t'avertir. Il peut même mordre, si l'étranger ne s'en va pas. C'est ce que tu attends de lui. Il fait bien son travail de protecteur.

Toutefois, s'il s'agit d'un nouvel ami, tu vas dire à ton chien de se calmer et de le laisser entrer. La prochaine fois que ton ami te rendra visite, ton chien ne grognera pas, car il saura que c'est quelqu'un de gentil. Il en va de même pour le facteur, le plombier ou ton oncle, par exemple.

Mais, si tu as un chien qui a **PEUR** de tout et qui ne t'écoute pas quand tu lui demandes de se calmer, que se passe-t-il ? Il jappe de plus en plus fort chaque fois que ton ami vient te voir !

Puisque je suis allergique, mon système immunitaire est comme ce chien trop peureux. Il protège mon corps (la **MAISON**) contre tous les allergènes (les étrangers) qu'il ne connaît pas.

La première fois qu'il rencontre un élément, il l'examine. S'il croit que c'est dangereux pour moi, il me protège et réagit. La deuxième fois qu'il verra cet allergène, il le reconnaîtra encore plus rapidement et réagira plus **FORT**.

Mon système immunitaire me montre qu'il repousse l'**ENNEMI** par toutes sortes de moyens :

- mon nez et mes yeux peuvent couler ;

- ma peau peut me démanger comme si un maringouin m'avait piquée ;

- je peux avoir de la difficulté à respirer ;

- je peux vomir ou avoir la diarrhée ;

- mon visage ou d'autres parties de mon corps peuvent enfler ;

- ma voix peut changer.

Pierre m'a expliqué qu'on ignore de quelle force fera preuve mon système immunitaire, la prochaine fois qu'il se battra pour éliminer l'allergène. Dans mon cas, ça pourrait être MORTEL.

Je dois donc toujours prendre les signes d'allergie au sérieux, en parler immédiatement à un adulte près de moi et me rendre à l'hôpital le plus rapidement possible.

Heureusement, il y a des médicaments qui peuvent empêcher mon système de réagir trop fortement à certains allergènes. Un peu comme si je mettais un bandeau sur les yeux de mon chien pour qu'il ne voie pas qu'on a de la visite. Quand mon nez coule et que mes yeux PIQUENT, par exemple, je peux prendre des antihistaminiques.

Toutefois, si la réaction de mon corps est trop forte, un adulte doit m'injecter de l'adrénaline avec un auto-injecteur d'épinéphrine. C'est une piqûre dans ma cuisse qui inverse la RÉACTION allergique en cours.

L'injection donne le temps à mes parents de se rendre rapidement à l'hôpital, ou à l'ambulance d'arriver à la maison. L'ambulance, c'est comme un hôpital sur roues qui permet aux secouristes de prendre soin de moi pendant le trajet.

Même si j'ai un peu peur des aiguilles, celle-là peut me **sauver** la vie! Je traîne donc toujours un auto-injecteur d'épinéphrine avec moi. J'en ai besoin et j'ai appris à m'en servir, car c'est important.

JE DOIS TENIR L'AUTO-INJECTEUR FERMEMENT, LE BOUT ORANGE POINTANT VERS LE BAS, ET LE BLEU VERS LE PLAFOND.

JE RETIRE ENSUITE LE BOUCHON DE SÉCURITÉ BLEU EN LE TIRANT TOUT DROIT. JE NE DOIS PAS LE PLIER NI LE TORDRE.

AVEC UN MOUVEMENT DE BALANCEMENT, JE POUSSE FERMEMENT LE BOUT ORANGE DANS LE MILIEU DU CÔTÉ EXTÉRIEUR DE MA CUISSE JUSQU'À CE QU'UN «CLIC» SE FASSE ENTENDRE.

JE DOIS RETENIR L'AUTO-INJECTEUR SUR MA CUISSE PENDANT PLUSIEURS SECONDES.

APRÈS L'ADMINISTRATION, JE DOIS IMMÉDIATEMENT COMPOSER LE 911 OU DEMANDER À QUELQU'UN DE LE FAIRE.

Maman est nerveuse, depuis quelque temps, parce que je commence l'école la semaine prochaine. Elle ne pourra plus surveiller tout ce que je vais **MANGER**, alors elle a peur.

Pour se sentir plus en confiance, elle est allée rencontrer ma professeure, madame Marie, avant la rentrée. Elle lui a donné une photo de moi et, au dos, elle a noté toutes mes allergies et le numéro de téléphone pour la joindre.

Madame Marie a promis à maman que ma **PHOTO** serait affichée dans la salle des professeurs pour que tout le monde soit au courant de mes allergies avant la rentrée. Maman a été rassurée d'entendre que les professeurs savent tous utiliser l'auto-injecteur d'épinéphrine.

À mon école, j'ai le droit de porter mon auto-injecteur à la taille, dans un étui spécial, plutôt que de le laisser dans le bureau de la secrétaire, comme c'est parfois le cas ailleurs.

Je porte aussi un bracelet MÉDICAL sur lequel sont gravées mes allergies. Si je perds connaissance, je ne pourrai pas expliquer ce qui m'arrive : voilà l'utilité de ce bracelet !

Puisqu'elle ne sera pas avec moi en classe, maman veut que je devienne autonome par rapport à mes allergies. La première étape est d'apprendre les différents noms de mes allergènes. Par exemple, dans la liste des ingrédients d'un ALIMENT, les arachides peuvent s'appeler « noix de mandelona » ! Si j'en mangeais, je ferais une réaction.

Lors de la rencontre avec ma PROFESSEURE, maman a proposé :

— S'il y a des activités en classe avec de la nourriture, avisez-moi quelques jours à l'avance et je pourrai m'assurer que les aliments d'Amy sont sans danger pour elle. Ainsi, elle pourra quand même participer à l'activité.

— Excellente idée ! a répondu madame Marie. Et, lors d'activités de sciences, elle portera des gants qui protégeront ses mains des allergènes. Tout ira bien, ne vous en faites pas.

Après m'avoir raconté sa rencontre, maman me dit :

— Ça m'a rassurée de parler avec elle. Marie est très gentille, Amy, je suis sûre que tu vas l'aimer.

Je me sens moins nerveuse, tout à coup. J'ai vraiment hâte à lundi prochain !

Lorsque nous sommes tous assis derrière notre pupitre, MADAME Marie se présente, puis elle nous explique les règles de la classe.

— Chaque règle est importante pour toutes sortes de raisons. Tout d'abord, il faut lever la main avant de prendre la parole.

ENSUITE, LORSQU'ON MANGE, ON LE FAIT À SA PLACE. ÇA ÉVITE AUX ALLERGÈNES DE CIRCULER DANS LA CLASSE. ET APRÈS AVOIR MANGÉ, CHACUN DE VOUS DOIT LAVER SES MAINS ET SON BUREAU.

Je suis bien contente de savoir que ma professeure a ma santé à CŒUR ! Ces règles rendent mon environnement sécuritaire et, en plus, elles le gardent propre.

Lorsque madame Marie nous demande de nous présenter à tour de rôle, j'apprends que nous sommes trois dans la classe à souffrir d'allergies: Rémi, Anna et moi. Je me sens moins seule!

À la récréation, je m'empresse donc de rejoindre Rémi et Anna près des balançoires, pour discuter un peu.

— Mon père aussi est allergique depuis qu'il est tout petit, nous confie Rémi. Alors je courais beaucoup plus de risques de l'être, moi aussi. On appelle ça l'«hérédité». Ça vient de nos parents, comme la couleur des cheveux ou des yeux.

J'AI FAIT DEUX RÉACTIONS ALLERGIQUES GRAVES, L'ANNÉE PASSÉE, NOUS RACONTE RÉMI. LA PREMIÈRE A EU LIEU PENDANT UN SOUPER CHEZ MES GRANDS-PARENTS. QUELQU'UN AVAIT COUPÉ DU FROMAGE SUR UNE PLANCHE EN BOIS, PUIS DES CAROTTES, QUE J'AI MANGÉES. JE SUIS ALLERGIQUE AU LAIT ET IL Y EN A DANS LE FROMAGE. PUISQUE LES CAROTTES AVAIENT ÉTÉ COUPÉES SUR LA MÊME PLANCHE SANS QU'ELLE SOIT LAVÉE, MON VISAGE S'EST AUSSITÔT MIS À ENFLER. LA DEUXIÈME FOIS, C'ÉTAIT À LA GARDERIE. UNE JEUNE FILLE FAISAIT DES MAQUILLAGES APRÈS LE DÎNER. ELLE A D'ABORD MAQUILLÉ UN AMI QUI VENAIT DE BOIRE DU LAIT DE VACHE, PUIS C'A ÉTÉ MON TOUR. DES TRACES DE LAIT SUR LE CRAYON ONT SUFFI POUR QUE JE FASSE UNE RÉACTION. APRÈS CE JOUR-LÀ, MA MÈRE A DEMANDÉ QUE J'AIE MON PROPRE MAQUILLAGE. PERSONNE D'AUTRE NE DEVAIT Y TOUCHER.

— Moi, j'ai de la difficulté à respirer, quand je fais une réaction allergique, ajoute Anna. Je dois me rendre tout de suite à l'hôpital, car, si j'attends trop, l'air pourrait arrêter de passer dans ma gorge. Je n'ai jamais vécu ça et je ne veux pas que ça m'arrive un jour !

— Moi non plus ! dis-je. J'ai seulement eu une réaction dans ma vie et j'étais bébé.

La cloche SONNE et nous nous plaçons en rang pour entrer.

Comme c'est l'automne et qu'on annonce très beau demain, madame Marie nous avise qu'on ira pique-niquer au parc.

Génial ! J'ai très hâte !

Il y a beaucoup de bruit dans l'autobus scolaire, ce soir. Je ne connais personne et je n'ose pas toucher les sièges. Mon cœur bat fort dans ma poitrine et j'ai les MAINS moites. S'il m'arrivait d'avoir une réaction allergique, le chauffeur ne pourrait pas me voir, je suis assise trop loin derrière.

Un garçon sur le siège voisin du mien mange une barre tendre aux arachides. Il tend son bras vers moi et je recule, effrayée.

— Qu'est-ce qui se passe ? s'étonne-t-il.

— Je suis allergique aux arachides.

— Arrête ! C'est dangereux, je peux en mourir !

J'ai parlé très fort. Une fille devant moi se retourne et prend ma défense :

— C'est sérieux, les allergies, on ne niaise pas avec ça ! Laisse-la tranquille ou je vais voir le chauffeur !

Le garçon arrête aussitôt. Mes **BATTEMENTS** de cœur reprennent un rythme normal.

— Je m'appelle Jolène, me dit la fille en souriant. Je ne te serre pas la main, parce que je sais que c'est mieux pour toi. Mon petit frère est très allergique aux œufs, alors je te comprends. Si tu veux, demain, on pourrait s'asseoir ensemble.

— Avec plaisir ! Merci, Jolène. Ça te va si on s'assoit à l'avant de l'autobus ?

— Bien sûr !

Arrivée à la maison, je raconte ma journée à maman. Elle ❤A❤❤I❤❤M❤❤E❤ que je lui donne plein de détails sur ce que j'ai fait, avec qui, etc. Elle voit qu'elle peut me faire confiance et apprend à avoir moins peur pour moi.

Je lui parle de l'incident dans l'autobus et je vois aussitôt son visage changer. Inquiète et en colère, elle n'aime pas que ce garçon se soit moqué de mes allergies. Heureusement, tout est bien qui finit bien grâce à Jolène ! Je lui ai promis d'aller voir le chauffeur immédiatement, la prochaine fois.

Pour notre pique-nique au parc, maman a préparé mon lunch avec beaucoup de précautions et elle y a glissé une débarbouillette humide dans un sac de plastique. Je peux l'utiliser pour NETTOYER la table de pique-nique où je vais manger ou une partie de mon corps qui aurait pu entrer en contact avec un allergène. Maman a tellement de bonnes idées !

Au parc, je fais attention à ce que mes choses ne touchent pas aux ALIMENTS de mes camarades. Mon amie Anna mange un biscuit qui a l'air délicieux, mais on ne peut pas le partager parce que j'ignore les ingrédients qu'il contient.

Il pourrait y avoir des traces de noix ou d'arachides ! Je mange donc uniquement ce que maman a mis dans mon lunch. Elle connaît bien mes goûts et je me régale !

Pendant le dîner, Julie, une camarade de classe, s'approche de moi et s'EXCLAME :

— Ça doit être triste de ne pas pouvoir manger tout ce que tu veux ! J'adore le chocolat. Ça me briserait le cœur d'y être allergique !

— Je n'ai jamais mangé de poissons ou de noix et j'ai seulement goûté au beurre d'arachide une fois quand j'étais bébé. Je ne sais pas ce que ça goûte, alors ça ne me manque pas. Le beurre d'arachide pourrait me tuer, tu sais ? J'aime mieux m'en passer et être en vie ! dis-je avec le SOURIRE.

— Tu as raison ! approuve Julie en éclatant de rire. J'aimerais beaucoup être allergique aux brocolis, car je déteste ça. Ma mère en cuisine tout le temps !

JE LES DÉTESTE MOI AUSSI ! ILS SONT DÉGUEULASSES !

Intriguée, ma nouvelle amie me demande :

— Qu'est-ce que tu fais quand tu es invitée à une fête d'ami ?

— Je dois apporter mon repas, mes GRIGNOTINES et mes boissons, tous bien étiquetés à mon nom. Ma mère avisera tout le monde de ne pas y toucher. Et, surtout, je n'oublie pas mon auto-injecteur d'épinéphrine. Un accident est si vite arrivé !

— Alors je t'invite à mon anniversaire ! s'exclame Julie. Tu crois que tu pourrais venir dormir à la maison ?

— Oui. J'apporterai ce que je vais manger durant la soirée et mon déjeuner pour le lendemain matin. Maman dit souvent : « Si on le sait à l'avance, on peut se préparer à toute éventualité ! »

— Super ! J'ai hâte ! Je vais te présenter mon CHIEN !

— J'adore les chiens ! Et je n'y suis pas allergique !

À la fin de ma première semaine d'école, maman me fait une surprise et elle vient me chercher en voiture. Nous allons souper à mon restaurant italien préféré! Youpi! Ce genre de sortie demande beaucoup de préparation, surtout si nous voulons essayer un nouvel endroit. Dans ce cas-là, maman téléphone au chef cuisinier pour vérifier auprès de lui ce que je peux manger sur le menu. C'est plus facile après quelques sorties au même endroit, car les employés nous connaissent et ils savent qu'ils doivent être PRUDENTS.

Même si nous mangeons souvent dans ce restaurant italien, j'ai mon auto-injecteur d'épinéphrine avec moi; on ne sait jamais!

Nous nous assoyons à une table et Jacqueline vient prendre notre commande. Maman ne court aucun **RISQUE** et elle lui répète à quoi je suis allergique. La serveuse s'assure que la table est bien propre, puis elle nous sert à boire.

Quand mon *spaghetti* arrive, j'inspecte minutieusement mon assiette et mon pain pour voir si on m'a servi ce que j'ai commandé. Mieux vaut une vérification de quelques secondes qu'un séjour à l'hôpital.

En mangeant, je parle avec maman de l'invitation de Julie, pour son ANNIVERSAIRE.

— Je ferai très attention, c'est promis…, dis-je. J'apporterai aussi une feuille sur laquelle j'aurai écrit ce à quoi je suis allergique et les différents noms de chacun des allergènes. Et la maman de Julie va t'appeler. Qu'est-ce que tu en penses ?

— Je te propose de l'inviter chez nous en premier pour que j'apprenne à la connaître. De son côté, elle verra ce que tu manges, ce que tu bois, ton environnement… Je pourrais même aller boire un CAFÉ avec ses parents pour discuter de tes allergies et leur expliquer le fonctionnement de l'auto-injecteur d'épinéphrine.

En réfléchissant, je prends quelques bouchées de pâtes. Puis, une idée me traverse l'esprit :

NOUS POURRIONS L'INVITER DEMAIN ?

Maman éclate de rire.

— Toi, quand tu as quelque chose en tête!... Ton père et moi n'avons rien prévu, alors ça devrait aller. Nous appellerons Julie tantôt, une fois de retour à la maison.

Super! Moi qui avais peur de commencer l'école... je m'inquiétais pour rien! J'ai une professeure gentille qui prend soin de moi, des camarades qui comprennent mes allergies et une nouvelle amie qui va sûrement venir jouer chez moi demain!

TRUCS ET STRATÉGIES

> TES ALLERGIES PEUVENT TE RENDRE NERVEUX DANS CERTAINES SITUATIONS. VOICI DES TRUCS POUR TE FACILITER LA VIE. TU PEUX LIRE CETTE SECTION AVEC TES PARENTS, AFIN DE DISCUTER DES CONSEILS QUI COLLENT À TA RÉALITÉ.

TRUCS ET STRATÉGIES

À LA MAISON

- ☑ Procure-toi une trousse de départ pour apprendre à utiliser ton auto-injecteur d'épinéphrine. C'est important de savoir comment bien l'utiliser, puisqu'il peut te sauver la vie.

- ☑ Range toujours tes auto-injecteurs au même endroit dans la maison et apprends à lire la date de péremption pour vérifier qu'il n'est pas périmé. Si tu as de jeunes frères et sœurs, attention à ne pas le laisser à leur portée.

- ☑ Affiche le numéro d'urgence 911 près du téléphone et assure-toi de savoir le composer.

- ☑ Apprends à reconnaître toi-même les premiers symptômes physiques que tu ressens lorsque tu fais une réaction allergique.

TRUCS ET STRATÉGIES

☑ Lorsque tu n'es pas à la maison, traîne avec toi un document qui explique tes allergies, tes symptômes et qui donne le nom et le numéro de téléphone des personnes à joindre en cas d'urgence (l'ambulance, tes parents, tes grands-parents, etc.). Imprime-toi quelques copies à l'avance pour en avoir toujours une à portée de main, si tu vas chez un nouvel ami, par exemple.

DANS LA CUISINE

☑ Dans le réfrigérateur, il y a souvent une multitude de petits plats de plastique qui renferment les surplus de la semaine. Assure-toi de manger seulement ceux que tes parents auront étiquetés à ton nom ou avec un code de couleur. Rouge = danger. Vert = OK !

TRUCS ET STRATÉGIES

- ☑ Range tout ce que tu as le droit de manger avant qu'un membre de ta famille ne sorte d'autres aliments sur le comptoir.

- ☑ Tu as envie de manger un aliment contenu dans un pot neuf encore scellé (relish, confiture, etc.)? Il n'y a pas de danger si tu as lu les ingrédients avant. Une fois le pot ouvert, tous les membres de la famille doivent s'assurer d'utiliser un ustensile propre pour en prendre. Ainsi, il ne sera pas contaminé par un allergène auquel tu réagirais.

- ☑ Mange seulement dans certaines pièces de la maison. Dans la cuisine et le salon, par exemple, mais pas dans ta chambre ou au sous-sol.

- ☑ Même si un aliment « peut contenir des traces » de ton allergène, NE PRENDS JAMAIS LE RISQUE D'EN MANGER.

TRUCS ET STRATÉGIES

À UNE FÊTE D'ANNIVERSAIRE

☑ Tes parents peuvent appeler ceux qui organisent la fête pour voir ce qu'ils ont l'intention d'offrir à manger. Au besoin, ils apporteront ton repas, tes collations, une portion de gâteau, bref, tout ce que tu ne pourras pas manger à cause de tes allergies.

☑ Tes parents peuvent demander qu'un adulte supervise le repas et les collations pendant la fête.

☑ Ne mange ni ne bois rien si la provenance des aliments est incertaine. Assure-toi aussi que personne ne boit dans ton verre.

TRUCS ET STRATÉGIES

☑ Quelques jours avant la fête, apporte à la personne responsable une copie de ton document expliquant tes allergies. Tu peux aussi y ajouter des astuces pour cuisiner de façon sécuritaire. Vérifie également qu'au moins un des adultes présents sait comment se servir d'un auto-injecteur.

☑ Si la personne qui te reçoit chez elle ne se sent pas à l'aise, tes parents peuvent proposer d'être présents. Au fil du temps, les gens s'habitueront et tu pourras retourner seul chez cet ami.

AU RESTAURANT

LA RÈGLE D'OR

PAS D'AUTO-INJECTEUR D'ÉPINÉPHRINE
=
PAS DE RESTAURANT !

TRUCS ET STRATÉGIES

- ☑ Avant d'y aller, visite le site Internet du restaurant pour consulter le menu et voir ce que tu pourrais manger. Exerce-toi à poser les bonnes questions à la serveuse, au chef, etc., qui te renseigneront sur les allergènes contenus dans la nourriture. Pour t'aider, tu peux jouer à un jeu de rôle avec tes parents : vous faites semblant d'être au restaurant et tu dois expliquer tes allergies.

- ☑ Si c'est la première fois que tu manges dans un restaurant en particulier, vas-y tôt, car le chef est plus disponible et moins distrait lorsqu'il y a peu de clients. Il sera plus attentif à tes besoins et le risque d'erreur sera diminué.

- ☑ Choisis un plat simple, du genre steak et légumes. Les mets compliqués sont souvent cuisinés à l'avance, alors c'est plus difficile pour le chef de se rappeler tous les aliments qu'il a utilisés pendant la préparation.

- ☑ Évite les buffets. Ils sont un endroit propice aux contaminations croisées (légumes coupés sur la même planche que le fromage, par exemple).

DANS TA TÊTE

Comme Amy, tu ne vois aucune différence quand tu te regardes dans le miroir. C'est normal. Ça ne se voit pas qu'une personne est allergique… sauf quand elle fait une réaction.

À l'école, tes camarades de classe ne sauront peut-être pas comment réagir lorsqu'ils l'apprendront. Ils seront probablement maladroits…

C'est un peu comme si ta maman revenait de l'hôpital avec ta nouvelle petite sœur. Tu voudrais la voir, lui toucher, comprendre pourquoi elle ne marche pas encore, pourquoi elle doit porter une couche, etc. Et, si tu ne pouvais plus jouer au camion l'après-midi parce qu'elle fait sa sieste, ça te mettrait en colère, même si tu l'aimes énormément.

DANS TA TÊTE

En tant qu'enfant allergique, tu es différent aux yeux de tes amis. Ils voudront comprendre pourquoi. Ça peut aussi les contrarier de devoir appliquer de nouvelles règles en classe et ils pourraient t'en vouloir parce que tes allergies les empêchent de manger et de faire ce qu'ils ont envie. Il y a une part d'ignorance dans cette réaction. Ils ne croient pas vraiment que ton allergie est grave, que tu peux en mourir. Sinon, ils feraient attention. C'est donc à toi de bien le leur expliquer.

Dans ta famille, tu es peut-être le premier à souffrir d'allergies. Certaines personnes de ton entourage penseront que c'est par caprice que tu ne manges pas tel ou tel aliment. « Il fait seulement son difficile ! » D'autres pourraient croire que, si tu en manges juste un petit morceau, il ne t'arrivera rien de grave. « Ce ne sont que des traces d'allergène ! » Pourtant, c'est tout aussi dangereux ! Rappelle-toi que ton corps risque de réagir de plus en plus fort au danger chaque fois que tu auras une réaction allergique, et de faire une GROSSE réaction.

DANS TA TÊTE

Même toi, il t'arrivera d'être en colère contre tes allergies. Après tout, elles t'empêchent de manger des choses que tu aimais et d'aller dans certains restaurants que tu adorais. Tu dois apprendre à faire tous ces sacrifices pour rester en vie.

Surtout, n'oublie jamais que tu es un être exceptionnel malgré tes allergies ! On est tous différents d'une certaine façon. Certaines personnes ont les cheveux noirs, d'autres, blonds. Certaines sont grandes, d'autres, petites. Ces caractéristiques ne font pas d'elles des personnes moins agréables à côtoyer.

Même avec tes allergies, tu peux courir, jouer au baseball, nager ou sauter, contrairement aux enfants gravement malades.

DANS TA TÊTE

Tant que tu restes chez toi avec tes parents, tu peux te sentir en sécurité, car ton environnement est protégé. Ils connaissent tes allergies et ont tout arrangé pour éviter les allergènes dans la maison.

Si tu sors dans un nouvel endroit, si tu commences la garderie ou l'école, ou si tu reçois pour la première fois une invitation à une fête d'ami, c'est normal que tu aies peur. Ton ventre se serre, ta respiration s'accélère, tu trembles et ton cœur bat très vite.

La peur est une émotion comme la colère, la tristesse, la joie ou la surprise. Quand tu as peur, voici ce que tu peux ressentir dans ton corps:

- ☑ Plein de petits papillons dans le ventre.
- ☑ L'accélération des battements de ton cœur et de ta respiration.
- ☑ Une perte d'appétit.
- ☑ Des tremblements.

DANS TA TÊTE

Comment te sens-tu, quand tu as peur ? Demande à tes parents comment ils se sentent, eux aussi. La peur t'aide à rester en vie, car elle te prépare à passer à l'action.

Regardons ce que tu peux faire pour diminuer ta peur :

- ☑ Appelle quelqu'un qui a déjà commencé la garderie ou l'école et demande-lui de te raconter sa journée. Ce qu'on connaît nous fait souvent moins peur.

- ☑ Demande à tes parents de t'accompagner la première fois, si c'est possible. S'ils ne peuvent pas être présents, assure-toi de pouvoir les appeler en tout temps pour qu'ils viennent te chercher si tu ne te sens pas en sécurité.

- ☑ Ferme les yeux, respire lentement par le nez jusqu'à ce que tu te sentes plus calme.

- ☑ Apporte ton document qui explique tes allergies, les numéros de téléphone en cas d'urgence et ton auto-injecteur d'épinéphrine ! Tu auras tout en main pour te sortir d'une situation fâcheuse.

UNE FOIS BIEN PRÉPARÉ, TU PEUX PROFITER DE TA JOURNÉE.

AMUSE-TOI BIEN !

POUR LES PETITS CURIEUX...

Le mot « allergie » vient du grec et signifie « réaction anormale, excessive et différente du système immunitaire ». Le système immunitaire permet à notre corps de se défendre contre les bactéries ou les virus. Dans le cas d'une allergie, il réagit de façon exagérée contre une substance de prime abord non dangereuse.

POUR LES PETITS CURIEUX...

Cette substance s'appelle « allergène ». Après le premier contact, notre corps fabrique des anticorps qui vont combattre l'allergène. Le nom scientifique de ces anticorps est « IgE » (immunoglobulines E). Leur moyen de combattre est de causer de l'inflammation très rapidement.

Imagine un ballon qui gonfle, qui gonfle, sans s'arrêter… Ça peut arriver à la gorge, au visage, à la peau, etc.

Le risque de devenir allergique est génétique. Cela signifie que ce risque se transmet avant même ta naissance. Il existe déjà dans tes cellules et provient de ton père, de ta mère, ou d'un autre de tes ancêtres.

POUR LES PETITS CURIEUX...

Environ trois cent mille personnes souffrent d'allergies alimentaires au Québec. C'est l'équivalent de plus de quatre fois le Stade olympique de Montréal! Alors, tu es loin d'être le seul!

Les allergènes les plus courants sont les arachides, les noix, le lait, les œufs, les poissons et les crustacés, le blé, le soya et les graines de sésame.

Plusieurs allergies disparaissent au cours de la croissance. Eh oui!

Comme par magie! C'est encourageant, n'est-ce pas? Certaines allergies tendent toutefois à durer, comme celle aux arachides (dans 80% des cas), aux noix, au sésame, aux poissons et aux crustacés.

POUR LES PETITS CURIEUX...

On dit qu'un choc allergique (ou choc anaphylactique) survient quand ton corps réagit de façon extrêmement violente à un allergène. Tes voies respiratoires sont obstruées, ton sang se met à circuler très lentement dans tes artères et n'apporte plus d'oxygène à ton cerveau, à ton cœur et à tous tes autres organes vitaux. Un peu comme quand il y a un embouteillage sur l'autoroute: aucune voiture ne bouge, plus personne ne peut rentrer chez lui. C'est une urgence, car tu peux mourir!

La seule façon de t'en sortir, c'est d'utiliser un auto-injecteur d'épinéphrine. L'épinéphrine s'appelle aussi adrénaline. Elle se trouve naturellement dans ton corps; c'est elle qui envahit ton sang quand tu vis une grosse émotion, comme la peur ou la colère.

Elle met tout ton corps en alerte: ton cœur bat plus fort, ton sang circule plus vite, l'oxygène se rend partout, donne de la nourriture à tes cellules pour que tu puisses affronter le danger.

POUR LES PETITS CURIEUX...

C'est le camion d'incendie qui traverse l'embouteillage, sirènes et gyrophares en action. Enfin, le chemin est libre!

Seulement, l'effet de l'adrénaline ne dure pas. Elle circule vite et, de quinze à vingt minutes plus tard, il n'y en a presque plus dans ton organisme. Tu peux en avoir encore besoin pour vaincre la réaction allergique: c'est pourquoi il est important de te rendre rapidement à l'hôpital.

C'est préférable d'appeler l'ambulance, parce que les ambulanciers ont des réserves d'épinéphrine dans leur véhicule et ils peuvent t'en redonner en attendant que vous arriviez à l'urgence. Ils travailleront très fort pour te maintenir en vie jusqu'à ce que tu voies un médecin.

À l'hôpital, on te gardera en observation, car la réaction pourrait revenir pendant les heures qui suivront.

POUR LES PETITS CURIEUX...

Après un tel choc, c'est possible que tu fasses des cauchemars, que tu ne penses qu'à ça, que tu aies peur de manger, etc. C'est normal. Tes parents aussi seront plus inquiets pendant un certain temps. Vivre avec une allergie, c'est vivre avec un risque continuel...

Tu seras heureux d'apprendre que la recherche avance bien en ce qui concerne la guérison de certaines allergies. L'immunothérapie orale est un nouveau traitement qui peut te permettre de ne plus réagir à ton allergène. On donne des doses d'allergènes extrêmement petites aux patients, sur une longue période (plusieurs mois, voire des années). Avec le temps, les patients tolèrent une quantité de plus en plus grande de l'allergène sans réagir. Ce traitement est de plus en plus utilisé à travers le monde.

POUR LES PETITS CURIEUX...

En attendant, tu dois apprendre à vivre avec ton allergie. Ça ne devrait surtout pas t'empêcher de voir GRAND ! Savais-tu que Richard III, un roi d'Angleterre, souffrait d'allergies ? De nos jours, plusieurs personnalités publiques sont, tout comme toi, allergiques :

- Serena Williams, l'une des plus grandes joueuses de tennis de tous les temps.
- Alexandre Despatie, un plongeur qui a été triple champion du monde et médaillé olympique.
- Beyoncé, une chanteuse et actrice américaine.
- Drew Barrymore, Vanessa Hudgens, Halle Berry, Zooey Deschanel, actrices.
- Antonio Banderas, acteur.
- Kate Middleton, femme du prince William.

POUR LES PARENTS...

Il peut être angoissant d'apprendre que la vie de notre enfant pend... au bout d'une fourchette ! Une fois le diagnostic tombé, notre quotidien est bouleversé. Il nous faut découvrir de nouvelles façons de faire, mettre nos traditions culinaires de côté, nous réorganiser sur le plan alimentaire, etc. Mais le plus grand choc, c'est de réaliser que notre enfant aurait pu mourir avant nous et qu'il courra ce risque toute sa vie, même si nous tentons de sécuriser son environnement.

Nous en voulons à la terre entière, nous cherchons un coupable, une personne sur qui rejeter la responsabilité... Nous devenons très rigides, intransigeants, nous l'isolons pour le protéger des autres et de lui-même.

POUR LES PARENTS...

Mais n'oublions pas ceci: le principal intéressé, notre enfant, est lui aussi sous le choc. Pour la première fois de sa vie bien souvent, il est confronté à la mort. Et pas celle de quelqu'un d'autre; la sienne! Il aura aussi à affronter le jugement, l'incompréhension et la colère des autres.

Il devra comprendre puis accepter sa nouvelle réalité. Accompagnez-le étape par étape dans cette découverte en étant à l'écoute de ses besoins. Vous serez surpris de voir avec quelle facilité ils peuvent parfois être comblés!

En certaines occasions, il n'y aura pas de solution de remplacement possible. Malgré votre bon vouloir, vous ne pourrez pas combler ses attentes. Votre enfant apprendra que c'est aussi ça, la vie... et vous de même.

Un dernier conseil: entourez-vous! N'hésitez pas à vous joindre à des groupes de soutien (sur les réseaux sociaux ou ailleurs). Ils sont une précieuse mine d'informations et vous vous y ferez sûrement des amis qui comprendront votre désarroi, parce qu'ils vivent la même chose que vous. Travaillez de concert avec les professionnels de la santé, qui ont à cœur le bien-être de votre enfant. Ne restez pas seuls avec vos inquiétudes.

Et n'oubliez pas: l'être humain s'habitue à tout...

POUR LES PARENTS…

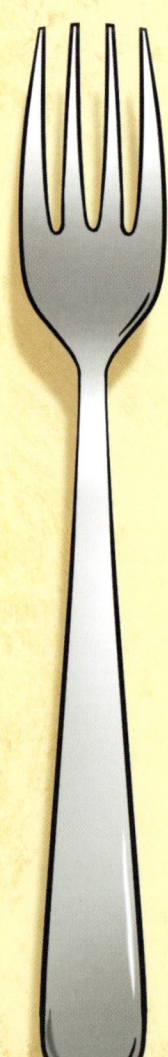

Trucs et stratégies

☑ Certaines familles préfèrent éviter tous les allergènes dans la maison et faire de celle-ci un endroit totalement sûr, tandis que d'autres privilégient l'éducation. Tout dépend de l'âge des enfants, de la dynamique familiale et des allergènes en question.

☑ Il existe des livres de recettes spécialement conçus pour offrir des solutions de rechange aux allergènes prioritaires (arachides, blé, lait, moutarde, noix, œufs, poissons, fruits de mer, sésame et soya). Visitez votre librairie !

☑ Évitez le rayon du prêt-à-manger, à l'épicerie. Ces derniers plats sont rarement sans allergènes ! Tournez-vous plutôt vers les aliments préparés en usine, car leur liste d'ingrédients est plus complète et plus sûre. Certaines compagnies de prêt-à-manger se spécialisent toutefois dans les produits certifiés sans allergènes.

POUR LES PARENTS...

☑ Lorsqu'une liste d'ingrédients ne vous semble pas assez précise (exemple: «épices»), n'hésitez pas à contacter le service à la clientèle pour en savoir plus.

☑ Le MAPAQ exige ceci: «Les allergènes prioritaires, les sources de gluten et les sulfites doivent figurer dans la liste des ingrédients ou à la fin de celle-ci, avec la mention "contient"». Voici la liste des allergènes prioritaires à déclaration obligatoire: amandes, noix du Brésil, noix de cajou, noisettes, noix de macadamia, pacanes, pignons, pistaches, noix, arachides, graines de sésame, blé ou triticale, œufs, lait, soya, poissons, crustacés, mollusques, graines de moutarde[1].

---

1. www.mapaq.gouv.qc.ca/fr/Consommation/allergiesalimentaires/allergenes/Pages/allergenes.aspx

POUR LES PARENTS...

Préparation des repas

☑ Choisissez une recette qui demande uniquement des ingrédients que votre enfant allergique peut manger.

☑ Lavez-vous toujours les mains avant de vous mettre à cuisiner, et après chaque manipulation d'un aliment différent.

☑ Assurez-vous que votre plan de travail est propre.

☑ Commencez avec la préparation des plats que l'enfant allergique peut manger. Une fois la nourriture rangée, vous pouvez cuisiner pour les autres membres de la famille.

☑ Lavez la planche à découper entre chaque catégorie d'aliments (légumes, fruits, viandes, produits laitiers).

☑ Utilisez un couteau propre pour chaque aliment.

☑ Étiquetez clairement les plats qui contiennent les surplus pour que chaque membre de la famille sache ce qu'il peut manger. Employez par exemple des autocollants rouges et verts pour que ce soit plus facile à repérer. Rouge = danger. Vert = OK !

POUR LES PARENTS...

Fête d'anniversaire

- ☑ Faites participer votre enfant aux préparatifs. Précisez-lui quelles sont les règles et pourquoi elles doivent être respectées. Quand un enfant prend part à la planification, il est plus susceptible de les suivre.

- ☑ Laissez-le prendre quelques décisions; cela l'aidera à sentir qu'il maîtrise la situation. Par exemple, il peut choisir entre apporter à la fête des biscuits ou un petit gâteau comme dessert.

- ☑ Rappelez à votre enfant de consommer uniquement les aliments que vous avez approuvés ou ceux apportés.

- ☑ Expliquez à votre enfant qu'il ne pourra pas manger ce que les autres enfants mangeront. Mettez l'accent sur le plaisir de l'activité plutôt que sur la nourriture.

- ☑ Lors d'activités de groupe, discutez avec votre enfant pour trouver la solution qui lui convient le mieux : manger avant d'assister à l'activité, apporter ses propres aliments ou choisir sur place, avec votre aide, des aliments sans danger.

POUR LES PARENTS...

Les différents noms des principaux allergènes

ARACHIDES

arachide-I, arachin, beurre d'arachide, cacahuète, conarachin, farine d'arachide, huile d'arachide, mandelona, noix artificielles, protéines végétales d'arachides, protéines végétales hydrolysées d'arachides.

PRODUITS LAITIERS

Alpha-lactalbumine, arôme de beurre, babeurre, bêta-lactoglobuline, beurre, beurre clarifié, caillé, caséinate, caséinate de sodium, caséinate de calcium, caséine, crème, crème glacée, crème sure, fromage, ghee, gras de lait, huile de beurre, kéfir, koumis, lactalbumine, lactoferrine, lactoglobuline, lactosérum, lait sans lactose, mélanges pour boissons maltées, petit-lait, poudre de lait écrémé, poudre de petit-lait, protéines ovo-lactohydrolysées, Simplesse^{MD} (succédanés de gras), solides de lait écrémé, solides de lait, substance laitière modifiée, yogourt (de lait).

POUR LES PARENTS…

ŒUFS

Albumen, albumine (d'œuf), blanc d'œuf, conalbumine, globuline, jaune d'œuf, lait de poule, livetine, lysozyme, mayonnaise, meringue, œuf, œufs liquides, mots commençant par «-ovo», ovalbumine, ovoglobuline, ovomacroglobuline, ovomucine, ovomucoïde, ovotransferrine, ovovitelline, poudre d'albumine, poudre de blanc d'œuf, poudre de jaune d'œuf, poudre d'œuf, protéines ovo-lactohydrolysées, quiches, Simplesse^{MD}, succédané d'œufs, par exemple Egg Beaters^{MD}, vitelline.

SOYA

Albumine de soya, edamame, farine de soya, fève de soya, germe de soya, glucine max, isolat de protéine de soya, kinako, koridofu, lait ou boisson de soya, miso, natto, nimame, okara, protéines de soya, protéines végétales de soya, protéines végétales hydrolysées de soya, protéines végétales texturées (PVT), sauce soya, shoyu, sobee, soya, soya hispida tamari, tempeh, tofu, yuba.

À PROPOS DE L'AUTEURE

Sylvie Cyr a passé une bonne partie de sa vie professionnelle derrière les fourneaux, comme cuisinière. Mère de deux enfants souffrant d'allergies alimentaires sévères, à une époque où les outils se faisaient rares, elle a développé ses propres astuces et a relevé le défi de nourrir sa famille de façon savoureuse et équilibrée. Chroniqueuse à la radio régionale de Sorel-Tracy, Sylvie Cyr a également, pendant trois ans, participé à titre de bénévole à un service de courrier jeunesse. Cette expérience lui a permis de mieux comprendre comment se sentent les tout-petits. Dans ce livre illustré, elle vous propose ses découvertes centrées sur les besoins alimentaires et émotionnels des jeunes aux prises avec des allergies alimentaires. Suivez-la sur Facebook (Sylvie Cyr, auteure) ou sur sylvie-cyr.wixsite.com/auteure.

REMERCIEMENTS

Je tiens à remercier mes deux amours, Antoine et Marianne, qui ont été si indulgents envers leur maman et cuisinière, mon conjoint pour son soutien et son dévouement, et l'allergologue, docteur Jean Paradis, qui a su dédramatiser la situation et nous guider tout au long de ces longues années de tâtonnement pour que ces petits cœurs aient tout ce dont ils avaient besoin sur le plan alimentaire. Une mention toute spéciale aussi à la docteure Des Roches pour son implication dans ce livre illustré.

Dans la même collection

Votre enfant sait-il reconnaître et nommer ses émotions ? Comprend-il bien leur rôle ? Contrôle-t-il ses réactions ? Ce conte illustré vous permettra d'aborder le sujet avec lui, d'une façon simple et imagée.

Faites le plein de trucs applicables au quotidien afin d'aider votre enfant à assimiler, puis à gérer ce qu'il ressent !

Dans la même collection

Votre enfant voit-il des dangers partout ? S'alarme-t-il sans raison ? Envisage-t-il le pire de toute situation ? Perçoit-il les tâches à accomplir comme une montagne ? A-t-il peur de l'échec ? Si vous avez répondu oui à l'une de ces questions, ce conte illustré vous permettra d'aborder l'anxiété avec lui, d'une façon simple et imagée.

Dans la même collection

Léo a neuf ans quand il reçoit un diagnostic de TDA/H. « J'ai un QUOI ? » se demande-t-il, un peu confus. Comment répondre à cette question ? Rien de mieux qu'un conte illustré pour expliquer aux enfants les différentes facettes du TDA/H !

Cet ouvrage est un outil indispensable pour les parents et les intervenants qui souhaitent aborder ce trouble avec les enfants.

Achevé d'imprimer
sur les presses de
Imprimerie H.L.N.
Imprimé au Canada - Printed in Canada